U0016425

The Sadness Book
Das Buch gegen Traurigkeit, zum Rausreißen
und Loslassen

情緒清理日記

寫下來，
撕掉，
放下悲傷

一 趟 釋 然 的 旅 程

Elias Baar
伊利亞斯·巴爾／著
聿立／譯

獻給遭逢困境、遭受損失、就要放棄——
或真的放棄了的每一個人。
這是為所有感覺諸事不順、暗自承受煎熬的你們而寫，
也為了所有儘管經歷艱辛，
仍在嘗試尋找自己生活定位的人們而寫。

昨夜，我思緒紛飛、輾轉難眠，
就像前夜，
以及之前的更多夜晚。
「停下來吧。」我哀求道，
「你要怎樣才肯安靜下來呢？」
我的內心響起一道聲音：
「把它們寫下來吧。」

這本日記屬於：

_____

目錄

這本書想告訴你的是……

悲傷是人們在人生旅程中，不免會在某些時刻感受到的情緒，可能讓我們痛徹心扉、不知所措，無法正常度日，也不知該怎麼前進。《情緒清理日記》是為了幫助你了解悲傷的根源，並以書寫作為處理和調節情緒的工具。

承認並接納負面情緒的存在，便能邁向療癒與成長之路。與其否認或貶抑自己的感受，不如學習擁抱它們，將其視為生命歷程中自然的一部分。

對那些沉陷在悲傷中感到孤立無援的人，《情緒清理日記》提供了一處撫慰人心的避風港。將情緒化為文字寫在紙上，你將能更深入理解悲傷的根源，開始建立更健康的因應之道。書寫能作為一種抒發管道，讓你釋放負面情緒，重獲明晰與平和。

《情緒清理日記》的終極目標，是想為你營造一處安全無懼的空間，讓你在其中暢所欲言，無須擔心被人議論或招致後患。透過書寫，你將學會以正向積極的方式處理悲傷，過上充實豐盈、情緒健康的人生。

這本書不是為了……

《情緒清理日記》不是為了加深你的悲傷，而是在負面想法對你的健康造成危害前，先一步將它摧毀。

在獨處時，將負面想法寫在紙上，然後把紙扔掉，用開心、正面的經驗取代。回想那些值得感恩、贏取勝利、成就目標的幸福時刻，將這些美好的念頭存進記憶庫裡。

大原則就是，對任何負面念頭，只要反覆回想，就可能演變為巨大的障礙。所以必須把它寫下來，然後扔掉——不只是在物理上離開，也要在內心將它們割捨掉。雖然無法改變已存在記憶中的東西，但你可以調整對過去的看法，別再把過去當成失望的源頭，而是反過來欣賞它們曾帶來的快樂和喜悅。

不論什麼程度的心理困擾，或大或小，都要停止反芻負面記憶，專注於正面回憶。承認負面想法的存在，把它們寫下來，然後撕掉、銷毀。認清它們不是你的真實處境，它們已經過去了，重新把焦點放在能提升情緒、有益健康的事物上。

你需要這本書的5個理由

1. 不再強迫自己非得保持正向積極

事實上，在現今崇尚正向思考的文化中，過度放大「看向光明面」的觀點，可能造成傷害。貶抑、否認或無視負面情緒，等於是否定人性的完整體驗，將阻礙我們克服痛苦的能力，反讓人更痛苦。

2. 奠基於心理學理論

研究顯示，寫日記能減輕焦慮、憂鬱和創傷等症狀，有助於人們釐清思緒、表達自我，以正向健康的方式處理好壞交雜的情緒。

3. 為無從下筆的人提供引導

如果你想寫日記卻不知從何著手，可以從這本書開始。《情緒清理日記》是一本引導式日記，有助於改善心理健康，專門為了你設計。

4. 自我反思是通往療癒之路

透過自我探索，我們得以認清自我，明白自己想成為怎樣的

人。《情緒清理日記》分為三個章節，讓你認識並承認自己最深層的情感，邀請你走進內心深處，最後幫助你看清自己人生的方向。

5. 這本日記只為你自己而寫

在日記裡寫下想法和感受，有助於塑造、鞏固自我價值與增進自我認同，重要的是持續自我探索。打開這本書時，請關上門，深呼吸，翻閱書頁，並對自己絕對誠實。

每當你感到

悲傷、

壓力、

沉重、

孤單、

焦慮、

嫉妒、

沮喪、

內疚、

羞愧，

每當你感受到任何負面情緒，

每當你思緒紛飛、難以平靜，

請想起這本書。

【本書使用方式】

1. 寫下所有負面想法。

2. 把紙撕下。

3. 扔掉！

就這樣。（真的）

為什麼要把寫下來的內容撕掉*

　　將負面情緒寫下來，可能是處理和理解這些情緒的第一步；將這些想法和感受悶在心裡，則可能持續引發壓力和焦慮。

　　寫下這些負面想法，然後把它們撕下來、扔掉，象徵著你放下了這些負面思緒和感受，讓自己得以繼續前進，專注在生活中更積極的面向。這樣的過程有助於減輕不堪重負、焦慮和憂鬱的感受，增強心理健康和情緒韌性。透過定期寫日記並丟棄負面內容，可以培養健康的情緒管理習慣，並促進正面的心理健康。

　　研究顯示，把想法寫在紙上並將紙張丟棄的人，在心理上也能丟棄那些想法[1]，因此，這些負面想法便失去了原本的重要性。[2]

　　透過實際行為丟棄這些想法，可讓大腦將注意力轉移到其他的事物上。[3]

---

* 如需進一步閱讀支持此論點的文章，可參考書末所列的資料出處。

你可以選擇自己的想法

根據替代法則（law of substitution），大腦同時只能容納一個想法，無論正面或負面。這項法則的妙處在於，任何時候，只要你願意，都有能力用正面想法取代負面想法，刻意將思緒導向積極面，就能抵消任何會引發憤怒或不快樂的想法或情緒。

為了讓這本書發揮最大效用，請從第一章開始你的探索之旅，把負面想法寫下來。請接受以下觀念：偶而感到悲傷是一種有益的信號，表示你可能對生活的某些領域不滿意，這其實是在邀請你探索，並承認內心最深層的情感。深呼吸，誠實面對你的想法和感受，然後撕掉那頁紙，放下一切，釋放這些思緒和感受。

之後請先翻閱第三章，這章的重點轉移到培養正向思維。你將在這一章領悟到自我反思是通往療癒的途徑。深吸一口氣，翻閱書頁，在某個引起你內心共鳴的問題上稍作停留。

關鍵在於：先釋放負面想法和情緒，然後再滋養並專注於正面想法和情緒。持之以恆，讓它逐漸成為你生活習慣的一部分。

第一章

當你感到情緒低落

適度的悲傷是件好事。

這能讓我們知道,

生活仍有某些領域令我們不滿。

這些提示是在邀請我們,

了解並承認自己最深層的情感。

深呼吸,誠實面對自己的想法和感受,

然後把書頁撕下來、丟掉。

你喜歡現在的自己嗎？

把寫下的這些文字丟掉。

小時候，有人對你說過哪些話，直到今天你還是忘不掉？

那些話現在帶給你什麼感受？

把寫下的這些文字撕下來，丟掉。

有哪些心事你不吐不快？

把心裡的話全寫出來，然後丟掉。

一生中，哪次離別最讓你痛徹心扉？

把寫下的這些文字丟掉。

請寫下你人生中最糟的一天。

把寫下的這些文字丟掉。

請以 1 到 10 評估現在的心情
（以下方對應的數字圈選答案）。

1   10

                                           2

               7

                        3

        6

                                      9

8

                                       5

                        4

日期：＿＿＿＿＿＿

寫下給父母的一封信告訴他們做錯了哪些事不必使用任何標點符
號也不必在意筆畫對錯像小孩子那樣只要寫下來就對了表現出自
己內心仍是個孩子的樣子。

把寫下的這些文字丟掉。

你上次對自己說「我愛你」是什麼時候？

為什麼？

現在就說。

管他的！如果你現在什麼都不用管的話，
　　你想傳送什麼樣的訊息？

把寫下的這些文字丟掉。（或傳給對方。）

你在做什麼？

　　　　　　　　　　　　　　　　　　　　　　　思考。

思考什麼？

把寫下的這些文字丟掉。

你一生都無法忘記、但也不願想起的，是哪一天？

把寫下的這些文字撕下來，然後將墨水字跡洗掉。
或者燒掉，隨你。

請仔細描述你的創傷。

把寫下的這些文字撕下來，燒掉。

從這裡開始燒：

如果寫封信給年輕時的自己，你會說些什麼？

有沒有什麼是你需要對當時的自己道歉的？

請記住，當你傷害現在的自己，就是在傷害年輕時的你。

如果要寫封信給曾經傷害過你的人，你會寫些什麼？

寫完就丟掉，永遠不要寄出去。

你過得好嗎？

老實說。

如果願意，你可以回答這個問題。

或者，你可以把這一頁撕掉。

這麼說吧，兩種做法其實都回答了問題。

如果這麼說能讓你好受一些

——其實我也過得很糟。

如果這麼說於事無補

——那就當我過得很好。

不必為我擔心。

你一定會找到解決辦法的，每次不都是這樣嗎？

請描述你第一次心碎的經驗。

把這頁剪成 1,000 片。

你覺得自己有哪些地方很不討人喜歡？

相信我，你一點都不討人厭。

你只不過是問錯對象罷了。

請描述一件讓你後悔的事。

你為什麼後悔？

把寫下的這些文字丟掉。

寫幾首詩

描述

你討厭的

某人或某事

請發揮創意，用任何你想得到的方式銷毀這一頁。

哪件事讓你最後還是妥協了？

把這件事詳細地一字一句寫出來，然後丟掉。

你今天感覺如何？

心情好嗎？身體狀態如何？

一切都會好起來的。

在你的生活中，有沒有哪些行為模式是「有毒」的？

你認為自己最有毒的特質是什麼？

有時候，「有毒」的其實是我們自己。

把寫下的這些文字丟掉。

什麼事占據了你大部分的思緒？
請仔細寫出來。

把這些文字丟掉。

你是否對過去的某件事耿耿於懷？

為什麼？

現在，把這件事丟掉。

請大喊一聲！

然後把這一頁撕碎！

請將你無法說出口的事寫在這裡。

撕下來，然後丟掉。

你經歷過最心痛的事是什麼？

把寫下的這些文字丟掉。

請描述一段你一想到就會哭的經歷。

以下寫給今天需要聽到這些話的人：
「你會有這些感受都是有原因的，
心情不好沒關係，想哭也可以。」

你曾做過哪些現在想來就覺得慚愧的事？

沒關係，把這些事丟掉。

你反覆告訴自己的一個謊言是什麼？或者：

你一再重蹈覆轍的錯誤是什麼？

把寫下的這些文字丟掉。

是什麼使你整夜無法入睡？

把它寫下來。

把它丟掉。

你會做出自我破壞的行為嗎？是什麼？

把寫下的這些文字丟掉。

未來最讓你擔心的事是什麼？

把這份擔憂丟掉。

你是活在現在。

你會如何定義悲傷？

第二章

療癒

這個章節是我給你的一小撮情書，
包含了探索悲傷、釋懷、愛自己、欣賞自己，
以及懷抱希望、成長等深刻主題。

真希望我能告訴你為什麼你必須經歷這一切，
但我無法給你答案。
我無法解釋為什麼你的眼淚和心痛是必要的，
但如果我能告訴你一件事，
那就是──

每一滴你流下的眼淚，都是落在地上的一顆種子，
假以時日，將綻放出美麗的花朵。
一旦經歷過寒冬，迎來春天，
你將明白這一切的所以然及其必要性。
你將心領神會，不去質疑。

我看到了你正在努力。

請繼續努力。

不要放棄自己。

第二章　療癒

我明白你的處境十分艱難，所以你並不想聽這些話，
我能理解，但請你繼續堅持，不要放棄嘗試，
但也別忘了多愛自己一點。
掙扎、徬徨都沒關係，
請不要停止向前、不要放棄自己，
一切都會過去的。

總有一天，
一切都會不一樣的。

◆

對了，
如果最近沒人和你這樣說，
那讓我來說：

我以你為榮。

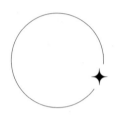

深呼吸。
花點時間
肯定自己
只因為你還在這裡。
掙扎、徬徨
都不要緊，
因為這不是
你能夠
提前做好準備
的處境。

一年前
我依然畏懼嚴冬
懼怕黑暗
以及伴隨而來的悲傷。

一年後
我明白了。

冬天與夏天
就像快樂與悲傷

是療癒與破裂
的自然循環。

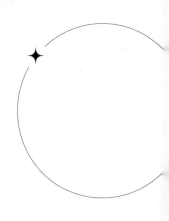

我正逐漸學會活在當下，學會單純地存在。

我正逐漸學會再次獨立生活。

我正逐漸學會包容悲傷，領悟到社群媒體不等同於真實世界。

我正逐漸學會允許自己哭泣，並感受自己所有的情緒，

接納伴隨著愛與傷痛而來的每一個想法。

我正逐漸學會不再認同心裡那小小的聲音對我的評判。

我正逐漸學會接納自己內心深處的感受，

明白自己這樣並不過分。

我正逐漸學會接納真正的自己。

我正逐漸學會重拾自我。

你要學會順其自然。
日子不可能千篇一律，
也並非事事能盡如人意，
都沒關係。
請對自己保持耐心。

學著接受就算沒有人接納、邀請或考慮到你，也沒關係。

迫切渴望某樣東西，只會讓潛意識以為你還沒得到，讓你反而永遠無法得到。

表現出你期望成為的樣子，自然會吸引夢想成真。

你可以表現得更好。

配不上你的東西，也沒必要擁有。

我想告訴你一件事：看似最艱難的日子，往往是最能塑造你的日子。你需要經歷傷痛，才能重塑自我。回想過去經歷過的成長時刻。它們是來自舒適安逸，還是痛苦掙扎？

　　處於生存模式，容易感覺心力交瘁，但正是在這種時刻，才有空間成長與自我探索。感覺痛楚實屬正常，奮力掙扎在所難免，每個人的人生都難免經歷這種時刻。有人經歷痛苦的頻率更高，有人感受到的痛苦更為深刻，但這並不表示你比別人渺小。正好相反，這意味著你成長最多、奮鬥最拚命，最終將磨練出最堅強的心智。

　　記得，沒有不會痊癒的傷。聽起來也許有些矛盾，但總有一天，你會感謝曾受過的痛楚。唯有在那些時刻，你才終於有空間，為自己的人生開創更美好的明天。

悲傷難過並無不可
流淚哭泣也沒關係
不必強顏歡笑隱藏真心
只為了讓身邊的人舒服自在

請遠離那些
企圖壓抑你痛苦的人

你本來就可以悲傷
你有權訴說內心的痛楚
以及尋求他人的支持

你會好起來的。

也許不是今天，

但肯定會有那麼一天。

只有你自己明白，
為了療癒、成長、走到今天，
你必須經歷哪些內心掙扎。
你應該為自己感到驕傲。
即使無人關注，
你也拚盡全力拯救自己。

假如今天還沒有人對你說過這句話，那麼我來對你說：這個世界缺你不可。

　　你也許不會時刻意識到，但你對他人的影響是難以估量的，你在這世界上的存在是重要的。你身邊的人都明白這一點。你總是有方法讓別人感覺受到重視、獲得傾聽，這是很難得的天賦。

　　事實是，大家都喜歡跟你在一起。他們欣賞你的堅強、善良，以及獨特的世界觀。

　　因此，即使在你感到孤單渺小的日子，也請記得，你是被需要的、被愛的、被欣賞的。無論旁人說什麼，你的光芒將持續耀眼璀璨。

你需要明白的是，
悲傷的不是你，
而是你的想法，
但你的想法並不等於你。

請跟著我重複一次：
我的想法不是我。
我可以掌控自己的想法。

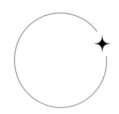

你很勇敢，因為即使全身上下都在阻止你，你還是會每天早晨起床。你很勇敢，因為你沒有放棄自己，即使你不見好轉，即使感覺一切沒有改善。請相信我：你正在進步。不放棄本身就是一種進步；每天起床就是一種進步；堅持奮鬥就是一種進步。

　　堅持需要勇氣，而你每天都展現出這樣的勇氣。哪怕在你想要放棄的時候，你還是堅持活了下來。所以，請花點時間肯定自己內在的力量和勇氣，因為僅僅是活著，就已經足夠勇敢。

今天，如果你需要這則提醒
我想讓你知道
不論此刻在你心中有何感受
都是可以被接納的。
當下處境
或許困難重重
但你還在這裡。

你應當為自己感到驕傲。

親愛的自己：

我知道你累了，但你一定能撐過去的。

愛你的我

第三章

反思

自我反思是通往療癒的道路。

那些提示是在邀請你走進內心深處。

深吸一口氣，

翻閱本書，

停在其中一頁，

盡情書寫、暢所欲言。

那些就是值得思考的問題。

你喜歡現在的自己嗎？

把寫下的這些文字留下。

你對什麼心懷感恩？

請列出一份清單。

將這份清單每天唸一遍。

如果有人和你現在的心情一樣，你會對他說什麼？

把寫下的這些文字留下。

寫下父母從未誇過你的事。

這是你應得的。

把寫下的這些文字留下。

寫

一首

關於你自己

的詩

別公開發文，這首詩請只給自己看。

情 緒 清 理 日 記

列舉所有能夠啟發你的事物——

書籍、網站、格言、人物、畫作、商店，或天空中的星辰。

把寫下的這些文字留下。

請細數你的強項。

（如果寫作不在其中也沒關係。）

把寫下的這些文字留下。

你是不是希望自己完美無瑕？

寫下你不完美的部分，

並接納它們。

第三章　反思

把寫下的這些文字留下。

這裡是你收藏精選歌單的地方。
請記下讓你感到心情愉悅的歌曲，
之後找到新歌也可以陸續增補。

把寫下的這些文字留下。

你喜歡生活的哪些部分？

（或許你現在還沒有答案。

請繼續探索，持續思考這個問題。）

請務必保留這些內容。

今天你可以在哪裡觀察到美好的事物？

今天你想特別留意什麼？

或者說，今天對你而言最重要的事是什麼？

把寫下的這些文字留下。

有什麼話題可以讓你說上一整天？
請仔細說說。

把寫下的這些文字留下。

和誰在一起讓你最安心？

仔細地描述這些可愛的人。

把寫下的這些文字寄給他們，不必多說。

你什麼時候感覺最像自己？

你應該更常這麼做。

今年你領悟到了哪些事？

明年你希望做些什麼改變？

請記得這些事。

你上次真正快樂是什麼時候？

好好想一想。

你想多做哪一件事？

為什麼？

保留（並牢記）這些話。

你最早的快樂記憶是什麼？

把寫下的這些文字留下。

當你感到痛苦時，你能為自己做的最體貼的事是什麼？

記住這件事。

什麼才是你最真實的樣貌？

你想成為怎樣的人？

保留並記住這些內容。

你喜歡自己哪一點，也希望別人能更常注意到？

把寫下的這些文字留下。

你認為現在世界需要什麼？

你能做到嗎？你願意努力試試看嗎？

保留這些內容。

你人生的低谷期是什麼時候？

那件事如何促使你成長？

你正在成長。

請每天寫下一件跟自己有關的好事，連續寫 30 天。

保留這些內容。

如果要你規畫最完美的一天，會包含哪些人事物？

你還在等什麼呢？

當人生走到盡頭，你希望別人記住關於你的哪件事？

請記住這件事。

請寫下一段快樂的回憶。

把寫下的這些文字留下。

你最喜歡自己哪裡？

把寫下的這些文字留下。

寫下你需要聽到的鼓勵。

把寫下的這些文字留下。

請描述一下「太陽」給了你什麼樣的感覺。

保留寫下的這些文字，雨天時再拿出來回味。

以前你容忍得了哪些事，但現在已經不想再忍耐了？

把寫下的這些文字留下。

你一直放在心上的一則忠告是什麼？

把寫下的這些文字留下。

你最近做了什麼值得記住的事嗎？

把它寫下來。

把寫下的這些文字留下。

今天，你如何能成為更好的自己？

（有時，「更好」的意思是善待自己。）

把寫下的這些文字留下。

你如何定義幸福？

感謝你相信我和這本日記。

我愛你，
請保重。

參考資料

① Richard Petty: Bothered by Negative, Unwanted Thoughts? Just Throw Them Away (26. November 2012). Association for Psychological Science.
https://www.psychologicalscience.org/news/releases/bothered-by-negative-unwanted-thoughts-just-throw-them-away.html
February 10, 2022.

② Sian Beilock Ph.D: Throw Those Nasty Thoughts Away. Physically discarding thoughts we have jotted down quiets mental chatter (16. January 2013). Psychology Today. https://www.psychologytoday.com/gb/blog/choke/201301/throw-those-nasty-thoughts-away
February 10, 2022.

③ Pablo Briñol, Margarita Gascó, Richard E. Petty , and Javier Horcajo: Treating Thoughts as Material Objects Can Increase or Decrease Their Impact on Evaluation. https://richardepetty.com/wp-content/uploads/2019/01/2013-psych-sci-brinolgascopettyhorcajo.pdf

www.booklife.com.tw　　　　　　　　　　reader@mail.eurasian.com.tw

自信人生　190

情緒清理日記：寫下來，撕掉，放下悲傷

The Sadness Book: Das Buch gegen Traurigkeit, zum Rausreißen und Loslassen

作　　　者／伊利亞斯・巴爾（Elias Baar）
譯　　　者／聿立
發 行 人／簡志忠
出 版 者／方智出版社股份有限公司
地　　　址／臺北市南京東路四段50號6樓之1
電　　　話／（02）2579-6600・2579-8800・2570-3939
傳　　　真／（02）2579-0338・2577-3220・2570-3636
副 社 長／陳秋月
副總編輯／賴良珠
主　　　編／黃淑雲
責任編輯／李亦淳
校　　　對／黃淑雲・李亦淳
美術編輯／蔡惠如
行銷企畫／陳禹伶・蔡謹竹
印務統籌／劉鳳剛・高榮祥
監　　　印／高榮祥
排　　　版／陳采淇
經 銷 商／叩應股份有限公司
郵撥帳號／18707239
法律顧問／圓神出版事業機構法律顧問　蕭雄淋律師
印　　　刷／祥峰印刷廠
2024年8月　初版

「書寫具有神奇的力量。」

——《3分鐘未來日記【369天實踐版】：
萬人見證的書寫奇蹟》

◆ **很喜歡這本書，很想要分享**

圓神書活網線上提供團購優惠，
或洽讀者服務部 02-2579-6600。

◆ **美好生活的提案家，期待為您服務**

圓神書活網 www.Booklife.com.tw
非會員歡迎體驗優惠，會員獨享累計福利！

國家圖書館出版品預行編目資料

情緒清理日記：寫下來，撕掉，放下悲傷／
伊利亞斯・巴爾（Elias Baar）著；聿立 譯.
-- 初版. -- 臺北市：方智出版社股份有限公司，2024.08
192 面；14.8×20.8公分. --（自信人生；190）
譯自：The Sadness Book: Das Buch gegen Traurigkeit, zum Rausreißen und Loslassen

ISBN 978-986-175-803-9（平裝）

1.CST：自我實現　2.CST：生活指導

177.2　　　　　　　　　　　　　　　　　113008257